Drôles d'époques

NÉFERTARI
princesse d'Égypte

Traduction et adaptation de l'italien : Anne Latournerie

Publication du département de l'édition dirigé par Anne de Margerie
Coordination éditoriale : Anne Latournerie
Mise en page : Atelier Lauriot Prévost
Relecture des textes : Philippe Bernier
Les textes ont été composés en Goody.
Les illustrations ont été gravées par Litoservice, à Milan.
Cet ouvrage a été achevé d'imprimer en septembre 1998
sur les presses de l'imprimerie Stampa Officine Grafiche de Agostini, à Novare.

Titre original de l'ouvrage en italien : *Nefertari, principessa d'Egitto*

49, rue Étienne-Marcel, 75001 Paris

Dépôt légal : septembre 1998
ISBN : 2-7118-3745-9
JK 19 3745

Drôles d'époques

NÉFERTARI
princesse d'Égypte

Textes et illustrations de Roberta Angeletti

m

Bonjour, je m'appelle Alice. Je suis bien connue dans ma classe pour les histoires extravagantes que je raconte, pour mes farces et même, parfois, mes mensonges, comme prétend ma maîtresse. Mais soyons clairs : aujourd'hui, j'ai une histoire fabuleuse à vous raconter et, cette fois, je ne plaisante pas ; tout est absolument vrai ! Si vous ne me croyez pas, essayez donc d'en parler à mes parents !

J'étais justement en voyage avec eux, ce jour-là, dans un pays merveilleux qui s'appelle l'Égypte. Voici mon aventure en deux mots. Nous étions sur les bords du Nil, dans la Vallée des Reines. Notre guide se donnait beaucoup de mal : « Voilà, Mesdames et Messieurs, nous sommes sur la rive sud-est de Thèbes... à votre gauche, vous pouvez admirer... » Certes, cela devait être très intéressant, mais sous le soleil de plomb, il était vraiment difficile d'en profiter.

Tout à coup, j'aperçus un beau matou tigré. Moi, j'aime les chats à la folie. Mais je ne peux malheureusement pas les caresser, car je suis allergique à leurs poils. Je m'éloignai donc du groupe en cachette, pour rejoindre le gros minou. Je me mis à le suivre pour le prendre en photo quand, tout à coup, je le vis se faufiler dans une curieuse galerie sombre qui s'ouvrait dans le rocher.

« Cela commence à être intéressant », me dis-je. Je m'étais trompée. Ce n'était pas du tout un tunnel, mais l'entrée d'une tombe très ancienne. Je me glissai moi aussi là-dedans. Je descendis quelques marches et j'évitai de justesse de trébucher sur le gardien de la tombe.

« S'il se réveille, je vais me faire tirer les oreilles et le pauvre chat risque de recevoir des coups de pied. » Je me remis donc à suivre le matou, pas à pas. « Par tous les chameaux d'Égypte ! Dans quel endroit splendide je me trouve ! » Je traversais des pièces magnifiques, en enfilade ; c'était comme un immense palais.

Le plafond ressemblait à un ciel étoilé et les murs eux aussi étaient tout décorés ! Une foule de personnages richement vêtus étaient peints dessus, tous de profil curieusement. Et puis il y avait aussi des animaux et des créatures vraiment étranges, presque monstrueuses, comme cet homme bizarre avec une tête de scarabée.

Je décidai de me cacher en silence derrière un pilier pour comprendre les intentions du matou : c'était vraiment amusant de jouer ainsi au chat et à la souris ! En longeant les parois, j'arrivai finalement dans une salle et, là, quelle surprise ! Je découvris un curieux personnage sur le mur, mi-homme, mi-bélier.

« Bouh, bouh, vieux bouc, moi aussi j'ai deux belles cornes », lui dis-je pour rire, en pointant vers lui mes deux nattes. Et là, j'entendis derrière moi : « Tu n'es pas drôle du tout, chère demoiselle.

Ce n'est vraiment pas bien de se moquer d'une divinité !
Celui qui est en face de toi est le célèbre Osiris, avec la tête de bélier, dieu du Soleil et de l'Au-delà ! Et même ce gentil chat que tu tourmentes depuis quelque temps a ses titres de noblesse. Tu ne sais donc pas que le chat est un animal sacré en Égypte ? N'as-tu jamais entendu parler de Bastet, la déesse chatte, fille de Râ ? »

Devant moi se dressait une très belle femme, élégante et radieuse comme une reine. Je me défendis en disant : « Oh, je voulais seulement le photographier ! – Que voulais-tu donc faire à mon chat ? » me demanda la dame, en serrant jalousement le minou dans ses bras. « Rien de mal assurément ! Regardez donc, Madame, cet appareil sert à reproduire des images. Il suffit de faire comme cela et... *clic*... une photo est prise ! »

« Oh, mais c'est vraiment formidable ton petit instrument ! Et dire qu'à mon époque il a fallu des années pour représenter ma vie sur les parois de cette tombe. – Vous voulez dire ?... – Oui, vois-tu, jeune fille, dit-elle d'un air fier, ce lieu m'est entièrement dédié ; c'est ma tombe et si tu regardes bien autour de toi, tu t'en rendras compte. »

« Lis par exemple ici, me dit-elle, en me montrant les dessins étranges peints sur le mur : “Néfertari, la plus belle de toutes, celle qui possède grâce, douceur et amour, la grande épouse du roi Ramsès II, la femme des deux terres...” » Je n’en croyais pas mes yeux, et encore moins mes oreilles... « Oh, madame Néfertari, je suis d’accord, mais malheureusement je ne sais pas lire ces curieux petits signes. »

« Cela s'appelle des hiéroglyphes. C'est ainsi que nous écrivons notre langue. Tu ne peux pas tout savoir, chère petite fille ! Je vais donc devoir faire la maîtresse d'école dans ce lieu sacré. » Malgré son air d'altesse un peu hautaine, Néfertari fut vraiment très gentille avec moi. Elle me prit par la main et se mit alors à me raconter mille et une histoires passionnantes et mystérieuses.

« Voilà », me dit-elle,
en m'entraînant plus loin.
« Cet escalier va nous conduire
vers la chambre funèbre ; tu verras,
c'est la demeure de l'éternité. »
Je poussai un grand cri d'effroi.
« N'aie pas peur ; Maât, la déesse de la Vérité,
est là pour nous protéger. Regarde là-haut,
tu la vois avec ses deux grandes ailes déployées ? »
dit-elle pour me rassurer.

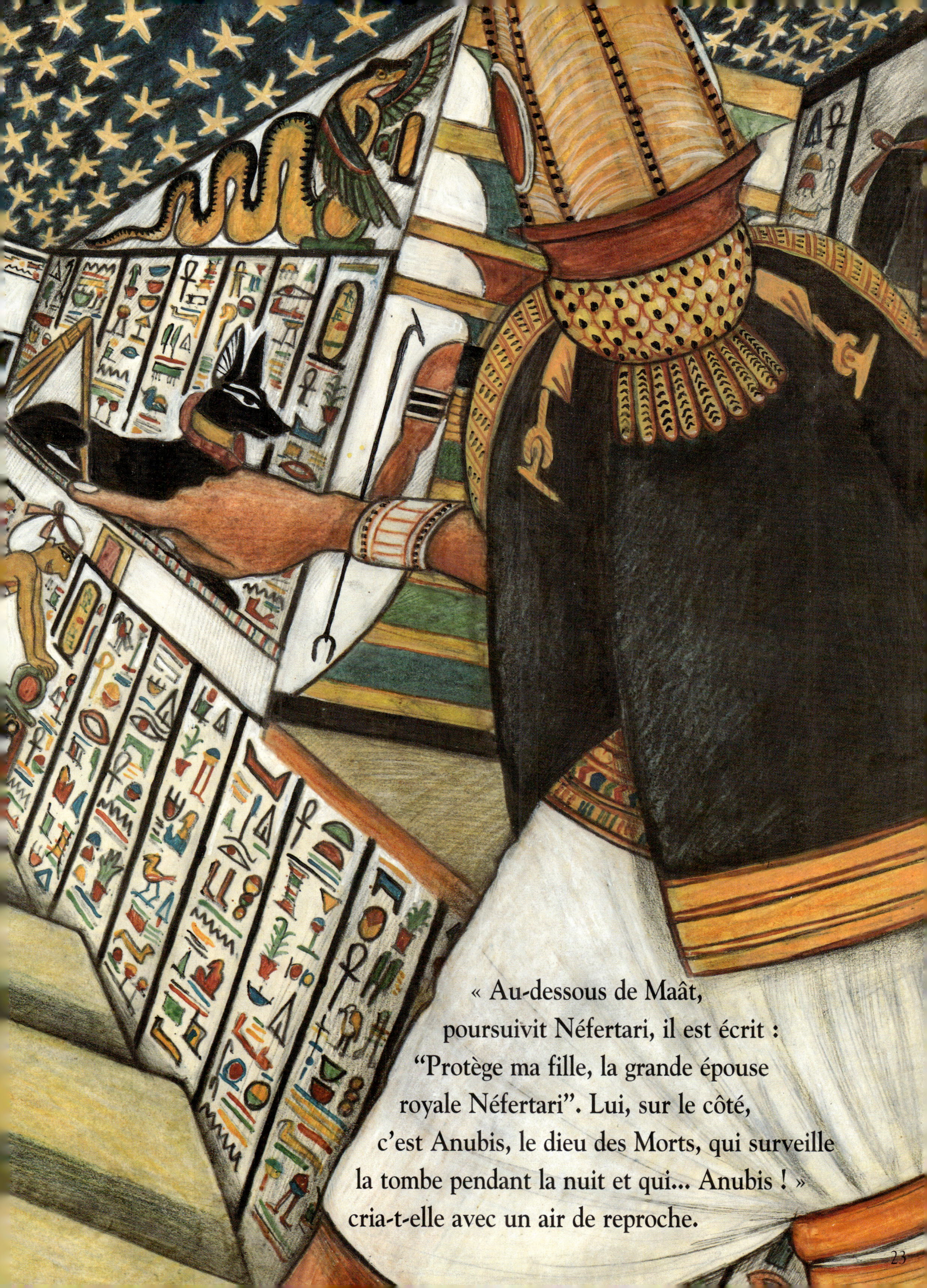

« Au-dessous de Maât,
poursuivit Néfertari, il est écrit :
"Protège ma fille, la grande épouse
royale Néfertari". Lui, sur le côté,
c'est Anubis, le dieu des Morts, qui surveille
la tombe pendant la nuit et qui... Anubis ! »
cria-t-elle avec un air de reproche.

« Laisse mon chat tranquille ! Tu ne vois donc pas que tu lui fais peur ? » ordonna-t-elle. Elle disait cela parce que cet Anubis (qui ressemble à un chien, même si c'est un chacal en réalité) aboyait d'un air féroce contre le chat. « Gare à vous ! » hurlai-je, en me lançant à toute allure au secours du matou. Et ainsi en une minute, je me retrouvai les fesses par terre, dans la plus merveilleuse salle de la tombe !

« Tiens, mais où est donc le sarcophage ? dis-je, étonnée, à Néfertari. Je ne vois qu'un grand trou dans le sol et il ressemble plutôt à un bassin sans eau ! – Tu dois faire preuve d'imagination, me répondit-elle. Il était placé là exactement, avec, par-dessus, un énorme couvercle de granit rose. Il contenait tous mes trésors les plus précieux : des vases pour les onguents, des coffrets, des bijoux. Aujourd'hui, ils sont tous enfermés dans un célèbre musée ! »

« Il me vient une idée !
Cela me ferait plaisir que tu prennes ton instrument pour me faire... une...comment appelles-tu cela déjà ? » me demanda-t-elle. « Une photographie, voulez-vous dire ? – C'est cela. Ce sera un beau souvenir pour nous deux ! Je vais me mettre là-bas avec mes chers parents, Anubis, Hathor et Osiris. »
Je m'installai, moi, à l'écart pour changer de pellicule. J'étais tellement excitée à l'idée de photographier Néfertari que je ne m'étais pas aperçue que le chat me chatouillait.

« Oh, non ! Je t'en prie, matou ! Tu ne dois pas t'approcher trop près de moi. Tu es très mignon, mais je suis... *atchoum*... allergique aux chats ! » Vous ne pouvez pas imaginer quelle catastrophe j'ai provoquée avec cet éternuement retentissant ! Ce fut comme un tremblement de terre là-dedans : les étoiles et les hiéroglyphes tombèrent par terre ; toutes les peintures s'inclinèrent ; les esprits de l'au-delà – pensez un peu – étaient eux-mêmes complètement épouvantés ; c'était un vrai désastre !

Quant à moi, j'étais si embarrassée, si terrorisée que je saluai la belle reine d'un simple coup d'œil, et me sauvai sur la pointe des pieds vers la sortie. C'est ainsi, et j'étais à vrai dire plutôt penaude, que s'acheva mon aventure. Mais le plus triste est que je n'ai même pas une photographie pour vous prouver que toute cette histoire est vraie ! Mais vous me croyez quand même, n'est-ce pas ?

Qui sont les Égyptiens ?

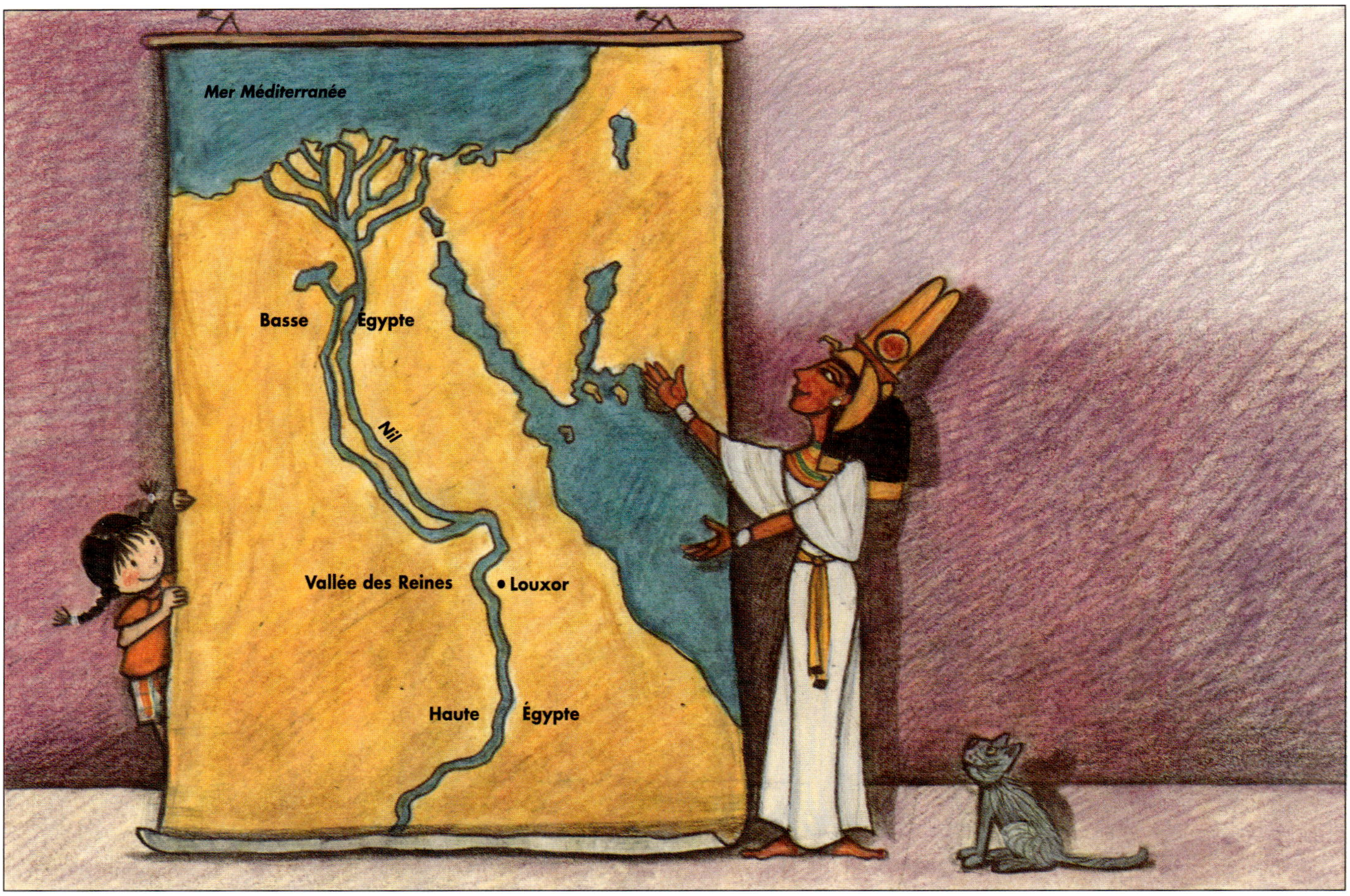

La carte représente le royaume d'Égypte et indique les lieux où s'est déroulée la vie de Néfertari.

Les Égyptiens ont donné naissance à la civilisation la plus ancienne et la plus raffinée du monde.
L'âge d'or de cette civilisation correspond à la domination des pharaons, de l'an 3 000 jusqu'à l'an 600 avant Jésus-Christ, date à laquelle l'Égypte passe sous influence persane. Le royaume des Égyptiens s'étendait de la Nubie au delta du Nil. Un immense désert, appelé « terre rouge », couvrait 90 pour cent de leur territoire.
Les Égyptiens étaient un peuple d'agriculteurs qui vivaient sur les bords du Nil où ils cultivaient leurs récoltes. Durant les pluies estivales, le fleuve était chaque année en crue et inondait tout le territoire avoisinant. Il déposait ainsi une couche de boue, très précieuse car extrêmement fertile, le limon. Toute la zone ainsi recouverte était appelée « terre noire ». Sans elle, il n'y aurait pas eu de civilisation égyptienne.

◆ Le pharaon, chef religieux, politique et militaire de l'État, était au sommet de la société, garant de l'ordre de l'univers organisé par les dieux. Les Égyptiens le vénéraient comme une divinité : de lui dépendaient le sort du pays, la croissance des moissons, les crues du Nil et la guérison des maladies. Grâce à ses immenses richesses, de multiples temples, palais et pyramides furent construits pour célébrer la grandeur de son pouvoir.
Le pharaon s'entourait de nombreux fonctionnaires.

Le premier d'entre eux était le vizir, qui avait pour tâche de récolter les impôts et de diriger les travaux publics. Les prêtres bénéficiaient de beaucoup de privilèges. Très puissants et influents, ils célébraient les rites religieux. Les scribes exerçaient une fonction très prestigieuse : c'étaient

des fonctionnaires spécialisés dans l'art d'écrire et de faire des calculs. Venaient ensuite dans la hiérarchie les soldats, puis le groupe plus nombreux formé par les artisans, marchands et paysans qui exerçaient un travail très dur, mais pouvaient toujours avoir recours à la justice du pharaon. Des travailleurs de force, prisonniers de guerre pour la plupart, effectuaient les travaux les plus rudes, comme l'exploitation du minerai ou la construction des pyramides, dans des conditions souvent effroyables.

◆ En pratiquant la momification, les Égyptiens étaient convaincus d'atteindre la vie éternelle, liée à la conservation des corps. La méthode consistait à extraire les intestins, l'estomac, les poumons et le foie qui, une fois asséchés, étaient entourés de bandelettes de lin et placés dans des vases adéquats, tandis que le cœur et les reins, centre des émotions, étaient replacés dans le corps, vidé et déshydraté. Alors, le cadavre était prêt à être à son tour entouré de bandelettes de lin et déposé dans le sarcophage. Les Égyptiens croyaient qu'après la mort, le Ka, ou l'âme, l'énergie vitale, quittait temporairement le corps pour aller à la rencontre d'Osiris et être jugé. Objets précieux, ustensiles,

et statuettes représentant serviteurs et scribes, étaient placés à côté du sarcophage pour accompagner le défunt vers l'au-delà.

◆ L'écriture des Égyptiens était très compliquée et

seules quelques personnes, les scribes, étaient capables de l'utiliser parfaitement. Elle était constituée d'environ sept cents signes, les hiéroglyphes, qui s'écrivaient de droite à gauche, de gauche à droite ou de haut en bas. Ces signes étaient employés dans les inscriptions sur les monuments, sur les tombes, sur les temples, ainsi que pour écrire sur les papyrus religieux. Pour les contrats et les lettres, les scribes utilisaient l'écriture hiératique, variante des hiéroglyphes, plus rapide à tracer.

◆ Les pyramides, les grands temples et les obélisques sont les témoignages les plus impressionnants de l'imposante architecture égyptienne. Le mot « pyramide » vient des Grecs qui s'amusèrent à désigner ces gigantesques monuments du nom d'un de leurs petits gâteaux préférés. Elles furent construites à la gloire du pharaon et dans l'intention de protéger le corps enterré à l'intérieur. Portes de granit et galeries sans issue faisaient obstacle à d'éventuels pilleurs attirés par les richesses ensevelies avec le pharaon. Aux alentours de 2 150 avant Jésus-Christ, presque tous les pharaons choisirent d'être enterrés dans la Vallée des Rois à Louxor, dans des tombes construites à l'intérieur des parois rocheuses. Celles-ci étaient organisées selon un même schéma : un long corridor, creusé à l'intérieur de la terre, conduisant à la chambre d'or où reposait le pharaon.

◆ Les Égyptiens vénéraient de nombreuses divinités, qu'ils représentaient souvent avec des têtes d'ani-

maux, comme Anubis, le chacal, qui protégeait le royaume des morts. Le dieu du Soleil était la divinité la plus importante : elle garantissait la vie sur terre et pouvait avoir différents noms. À l'aube, c'était Khepri, le scarabée qui fait tourner le disque du Soleil vers l'orient, tandis que sous l'habit d'Amon-Râ, c'était le protecteur des pharaons à la guerre. Osiris, gardien des morts, régnait sur le royaume de l'Au-delà, avec son épouse Isis et son fils Horus, à tête de faucon. Thot, représenté par l'oiseau ibis, était le dieu de la Lune et le patron des scribes. Enfin, Bastet, la déesse chatte, était la fille de Râ, le protecteur des récoltes.

Pour l'édition italienne
Direction éditoriale : Cristina Cappa Legora
Coordination éditoriale : Cristina Drago
Conception et réalisation graphique : Marco Volpati et Maurizio Antonini